ALFABEM

RABİA GELGİ

ISBN-10: 1530901359
ISBN-13: 978-1530901357

A

a

B

BEZELYE

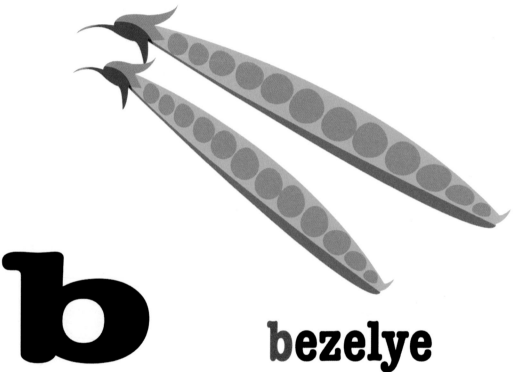

b

bezelye

C

CEVİZ

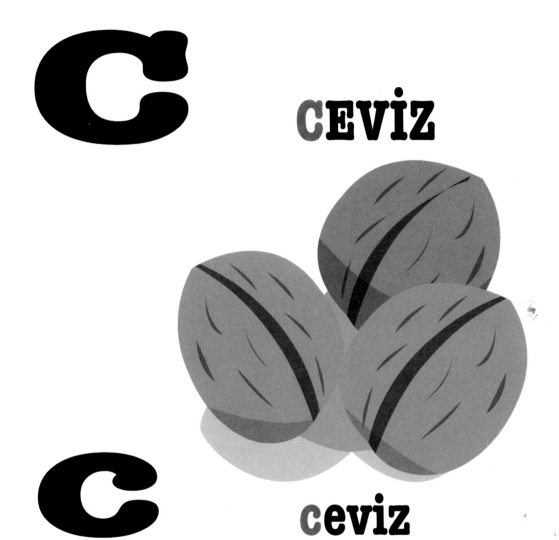

c

ceviz

Ç

ç

ÇİLEK

çilek

D

DUT

d

dut

E

ELMA

e

elma

F

FASULYE

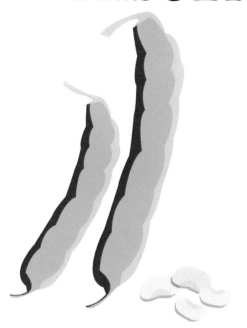

f

fasulye

G

GREYFURT

g

greyfurt

KURBAĞA

kurbağa

H

HAVUÇ

h

havuç

I

ISPANAK

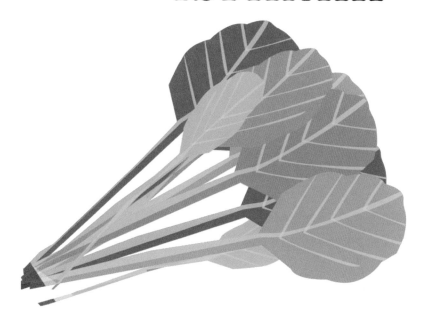

ı

ıspanak

İ

i

İNCİR

incir

J

JAGUAR

j

jaguar

K

KİRAZ

k

kiraz

L

LİMON

l

limon

M

MANDALİNA

m

mandalina

N

NAR

n

nar

O o

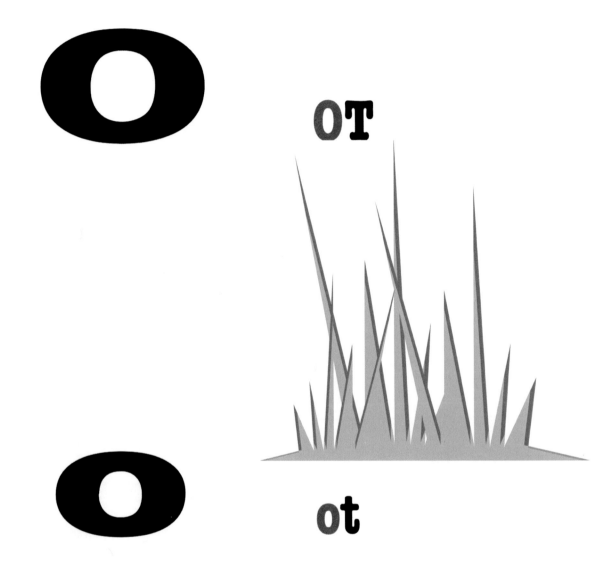

oT

ot

ÖRDEK

ördek

P

PATLICAN

p

patlıcan

R

RAKUN

rakun

r

S

SALATALIK

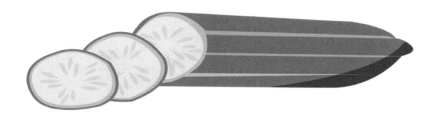

s

salatalık

ŞEFTALİ

şeftali

T

TURP

t

turp

U

UĞUR BÖCEĞİ

u

uğur böceği

Ü

ü

ÜZÜM

üzüm

V

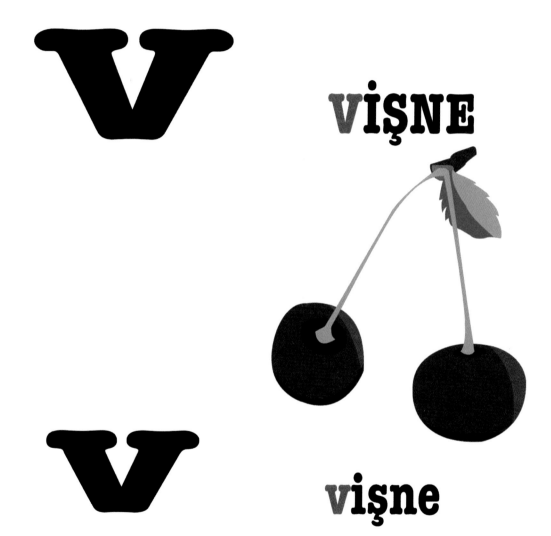

VİŞNE

vişne

v

Y

y

YENİ DÜNYA

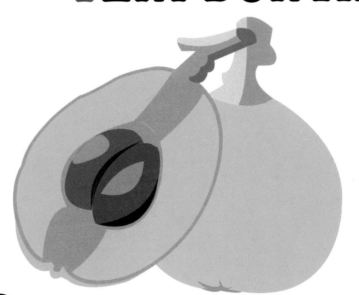

yeni dünya

Z

ZEYTİN

z

zeytin

Made in the USA
San Bernardino,
CA